아름다운 시작

건강신문사 힐링노래시집

아름다운 시작

하두자 시집

건강신문사
www.kksm.co.kr

시인의 말

소나무와 갈참나무 숲입니다
바람의 소리가 달라요
서로 살아온 시간이 다르니까요
가끔은 빈 가지 숲을 흔들고 지나가는 바람
하얀 눈이 쌓여 더욱 빛나는 산
골짜기의 고요한 적막
봄이 오면 연두의 꿈이 피워오르겠지요
땅에 내린 뿌리
스스로 거두지 못하고 굳어가는
추웠으며 노여웠고 아팠던
나무들의 상흔들

봄이 오면 좀 더 가볍지 않을까요
살아가는 동안
생채기 없는 영혼들 어디 보았나요

2025년 겨울날
북한산 자락아래서
하두자

차례

2부 너에게 가고 싶다

3부 비원에서

4부 동행

1부

아름다운 시작

꽃이 지다

홀로 낯을 붉히며 꽃들이 옷을 벗고 있다

한 겹씩 벗을 적마다 더 은밀해지는 기억의 꽃밭

찢기지 않기 위해 숨겨 둔 허물의 날개옷을

부리 고운 새가 날아간다

물방울에 젖은 꽃잎, 쓰라린 자욱들

그리움에 베인 상처 낭자하다

아름다운 시작

지금에사 안다
숫자 앞에 정직해진다는 것
달력을 찢고 나간 나이가
정확히 제자리로 찾아 들고 있음을

그렇지
시린 발목이 비를 부르는 동안
하늘을 가만히 바라보면
아직도 별들은 사각대고
풀벌레는 꿈틀거리고

부산히 나분되는 하루
모서리 훑어가며 궁글려 온 삶도
묵은 슬픔이 되어 또아리를 튼다

뒤늦은 깨우침에 풀기를 세우며
열병의 덤불 위로 나를 던지며

무릎이 깨어져도

어떻게 사는 게 아름다운지

끝의 끝으로 달려가 보아야 한다

다시 봄, 진달래

꽃눈이 내 몸속에서 부산하게 집 한 채 짓는다 겨우내 웅크려 있던 꽃눈이 힘껏 물관부를 끌어올려 가지를 탱탱하게 세운다 내 몸은 우주 쪽으로 귀를 연다 뿌리의 힘은 막강하다 느린 맥박이 겨울잠을 쳐들고 꽃눈의 비늣방울들이 폭력처럼 지붕을 덮는다 사랑하던 시간이 지나가고 누군가 잡았던 손을 놓는다

내 몸속의 집 한 채 허물어지며 터지는 꽃잎, 저 선
홍빛 꽃잎들

문호리 예배당

젖은 안개를 껴안고
아름드리 나무가 있는
문호리 마을의 낡은 예배당에서
물소리를 듣는다
구름 몇 조각 머물다 가는
예배당 유리창에
얼비치는 물거울의 꿈은
강물 위에 몇 개의 달로 어른거리고
살아서는 이루어질 수 없는
내 열 손가락의 기도
강섶을 돌아 나오는 갈대처럼 휘청인다
내 몸의 물길 따라 흘러온
비릿한 물비린내로
물이랑을 깊게 파는 저물녘
여린 어깨 감싸듯 지나가는 강물이
낡은 풍금을 눌러 댄다

오월

바람을 머금은 햇살이 연초록 잎새에 부서집니다

바람의 날개 죽지를 물고 엎드려 있습니다

바람과 바람 사이의 행간에 머물러 있는 그리움

주문을 걸어 그대가 있는 먼 하늘 한 귀퉁이

그 하늘로 날아가기 위해

나는 날마다 나의 날개에

푸르른 바람의 주머니를 매달아 놓습니다

강이 쓰는 편지

강가에서 보았지요
더없이 맑고 깨끗한 강이
푸른 옷고름 풀어
날마다 쓰는 긴 편지를
비워도 비워도 차오르는 그리움을
햇살로 반짝이게 하며
때로는 물결로 잔주름 일게 하여
쓰는 길고 긴 편지를
나는 또 보았지요
강이 가뭇없이 풀어놓은 물줄기 따라
자욱한 물안개 피어오르고
강 속까지 드리운 산 그림자
하늘과 땅이 서로 맞닿은 그곳에서
부서지며 헤어지는
소용돌이 물굽이를 보았지요
헤어지는 것만이 다시 만나는 것임을
아는, 강물이
소리 내어 우는 눈물을 보았지요

동백꽃

참았던 사랑이다, 유서를 쓰듯, 그리움의 편지를 쓴다, 울음을 삼키고 피어난 넋이다, 소름 돋는 바람에도, 얼어붙은 살갗에도, 사랑 때문에, 그리움 때문에, 시간을 잘라 겨울을 녹이고, 우울한 눈구름도 껴안으며, 햇살을 뚫고 달,
려온 산들이 빨갛게 빨갛게 일어서고 있다

푸른 소인

많은 시간들이 지나갔다고
안개 너머 안녕을 묻는다, 라고 쓰다가
창밖을 바라본다
창밖에는 흘러간 길들이 보인다
한때 빛나고 따사로웠던 말들
끝내 할 수 없었던 이야기들
버석대던 살비듬까지 적시던
너의 향기, 시간으로 아롱지고
눈시울 붉히는 휘어진 길 따라
오랜만에 안녕을 묻는 내 편지는
이른 봄비에 젖어
부칠 수 없는 우체통 앞에서
그리움의 우표로 푸른 소인만 찍는다

장미

장미꽃의 살아 퍼덕이는 새빨간 심장을 바라보면서 뚝뚝, 떨어져 내리는 낭자한 선혈을 바라보면서 하늘에 온전히 바치는 그 순결을 바라보면서 아직도 옷 벗지 못하는 나는 또 다른 나의 얼굴을 지키기 위하여 빨간 립스틱을 그리고 있다 내일이면 지워질 줄 뻔히 알면서

안개꽃

비 뿌리는 저문 강을 바라보면
떠도는 물방울의 영혼들
피어오르다 사라지는
그 자리
떠도는 부레옥잠의 물혹 터지며
낯익은 여자의 질화로 같은 불꽃이
지지직 지지직
강바닥에 깔린다
무리 지어 하얗게 하얗게
타오르는 안개의 불
미루나무도 잠깐 흔들리는

초원에 눕다

나, 오래된 유목의 길을 떠나네
양떼를 몰고
허기를 채워 줄 초원을 찾아가네
허기 뒤에 빛나는 아픔이 기다리네
언덕을 넘어서면 사라지는 목초지
풀들을 내 식성을 비껴가거나
독초랑 함께 있네
맑은 햇살과 푸른 초원에서
내 안의 허기진 궁핍은
목 디밀고 있는 우리의 욕망이네
마음이 풀어진 길을 따라가 보네
내 시야를 넓히는 들판을 지나
초원이 아닌 둑길도 건네
서성대며 오랫동안 걸어온 내 발자국에
초록빛 가려움증이 묻어 있네
부드럽게 한 몸이 되어
초원 위에 눕는 허기의 끝은
제 살처럼 따뜻한 감미로움이네

폭풍의 언덕

여름을 넘어가는 고개가 무겁다
떼 바람. 먹장구름, 수상한 햇살이
어둔 습곡의 골짜기를 지나간다
바람의 파랑이 침묵 속에 젖어 들 때
사뭇 빗소리를 향하여
천천히 항해를 시작하는 긴 발신음
푸른 잎들이 몸을 뒤집으며
빗금무늬를 새긴다
물바람이 폭풍우를 향하여
단걸음에 달려 나갈 때
비에 잠긴 우리들의 안부
여름날의 푸르른 소용돌이가
소리음에 잠긴다
일기예보에 젖는다

가을이 묻는다

은행나무 한 그루 내게로 온다
나에게 은행나무가 되라 한다
한 하늘만 올려다보며 사는
빛깔 고운 나무가 되어 보라 한다
신발 가지런히 벗어 놓고
내 곁에 와
굵은 나이테를 키우는 나무가 되어 보라 한다
서로 기대지 않아도
마주 보고 열매를 맺는
은행나무가 되어 보라 한다
알알이 여문 은행알처럼
따뜻한 나무가 되어 보라 한다

문득 내게 다가와
가을이 나에게 묻는다

2부

너에게 가고 싶다

- 마라도에서

너에게 가고 싶다
- 마라도에서

아득하였으므로
언제나 그리움이었다
애초에 휩쓸려 가 버릴 줄 알았다면
방파제에 걸려 있는 하늘은
아름답지 않았으리라
기다려 보지 않은 사람은 모를 것이다
울음이 파도치는
보내고 기다리는 유배지의 쓸쓸함을
더 이상 아프지 않기 위하여
닻을 올리고
소용돌이 속에 동여매었던 어수선한 자리
뼈마디같이 쑤시는 추억도
떠나보낸다
내 물길 잃고서 닿을 수 있는
깊은 바다 한복판
서슬 푸르게 자라는 또 다른 섬 하나
나, 너에게로 가고 싶다

모과는 안다

늦은 가을을 떨구어 낸다
긴 장대로 뜰 앞 모과나무
노오란 모과를 딴다
서리 끝에 모과 잎은 땅으로 떨어지고
벌거숭이가 되어
빈 하늘을 환히 비추고 있다

떨어진 모과를 주워 보면
저마다 생채기 보듬고 있다

군데군데 박힌 옹이며
가지에 긁힌 살갗이며
세상 비바람까지

곱게 닦아 바구니에 담는다
노란 향기가
사방에 환히 피어난다

살아온 세상 길들
이만큼에서 바라다보면
견디어 낸 만큼
향기 되어 빛날 수 있다는 것을
모과는 안다

3월이 지다

가지마다 쏙쏙 일어나 앉은 저 도드라진 눈들 장막이
걷히고 있다 고드름 같은 슬픔의 꼬리표 껍질을 벗고,
햇살 한 줌으로 제 몸을 여는 꽃눈들의 함성

왈칵, 목 메이는 어느 날의 입덧

명상

햇살 좋은 마루에 앉아

봄나물을 다듬는다

연둣빛 촉촉이 배어드는 흙냄새

물기 먹은 풋풋한 얼굴로

내 몸 구석구석 가만히 어루만지고

알싸한 풋내음도 한 움큼 뿌려 놓고 간다

새순 하나 틔우지 못한 내 뼈들이

가만가만, 물소리를 낸다

연하 엽서

누가 시간의 집을 보았다 했나
시간의 날개를 보았다 했나
보이지 않는 시간의 얼굴 찾아
우린 시간의 그네를 타고
서로의 안녕을 위해
살아온 날들을 묻는다
먹장처럼 몰려오는 매서운 바람들
흔들리는 나침반을 지키며
열심히 알아냈다고 하자
우리는 이룬 것보다
이루어야 할 것이 남아 있기에
외롭지 않은 동행이 되어

섬진강

서럽도록 빈 하늘 채우고 있네요
하얀 매화꽃들,
길 위로 아슴아슴 멀어지며
흩날리는 꽃잎들
어린 초록의 탓이라 할지
몹쓸 바람의 탓이라 할지
햇살이 살살 가슴 문지르는 한낮
까칠한 어깨에 고이는 홍건한 산빛,
그윽히 깊어진 실개울 옆에 서니
가까운 산들이 먼 산을 업고서
마을 밖으로 이어진 긴 강을 따라 가네요
꽃 따라 흘러가는 섬진강이
물기 하나 건네주며
꽃잎 되어 함께 흘러가자 하네요

향기로운 저녁

저녁답 CD의 불륨을 높여 마당에서 혼자 음악을 들었지
온몸으로 음률을 껴안고
바람에 맞서는 나무처럼 홀로 뒤척이다
나무들과 꽃들에게 허리 굽혀 눈도 맞추며

마당 한쪽 자리한 마르코폴로의 향기, 치자꽃 냄새가
해거름의 그리운 것들을 죄다 몰고 오며
봉오리 맺혀 있는 백합꽃 피면
그 향기에 더더욱 눈물일 것만 같았지
차마 채우지 못하는 그리운 것들에

어둠이 조금씩 걸어 나와 탁자 위 읽다 만 책 한 권,
활자는 어둠에 잠겨 여백만 더 또렷하고
나 살아온 하루의 고단만큼
바람이 내 책장을 넘기고 있었지

그는 집을 짓지 않는다

구름 몇 점 앞세우고
산이나 들길로 떠나기만 하였지
그에겐 언제나 푸른 산들만이 달려들었지
그의 채마밭에는
삽으로 퍼내어도 퍼내어도
풀꽃 향기 가득한 바다뿐이었지
땅에 떨어진 씨앗
꽃눈으로 틔우기도 하면서
여린 순에다 묻힌 꽃가루
그의 손에 묻어난 푸른 지문은
우리의 남루한 입술을 적시는 향기
배반을 모르는 풀꽃처럼
그의 곁에 서면
양철지붕 두드리는 빗소리까지 들렸었지

새벽일기

말만 들어도 가슴 가득 젖어오는 양수리
안개 속에서 몽롱한 산자락을 만난다
강과 산 들판 뒤엉켜서
물안개 앞에 머리 풀어 헤치고
휘감겨서 정수리까지 젖어나는 물안개,
삶이 지나가는 길이 보인다
그 길 따라
강의 숨소리 들으며 강가 어깨 맞대고 달린다
희망이란 말을 찾아
밤을 패며 길 헤매이는

아직도 새벽이다

불꽃놀이

밤이 깊을수록
주린 짐승의 눈동자처럼
빛나던 이름들
타오르는 신열로
손을 내민다
너와 나
함께 하기엔
햇살과 어둠의 거리가
너무 멀었을까
애써 어둠의 깊이로 재워 놓은
활활대는 불씨
삐걱이는 세상의 욕망과 허위 속에
사랑한다는 그리운 그 말
살과 뼈로 번져가는 불꽃
그 미망의 길

거미

내 집은 하늘이다

잎 진 나뭇가지
끝과 끝,
꽁무니로 기어올라
팽팽하게 집을 짓는다

소슬바람에도
가슴 졸이는
목숨의 덫을 놓는다

이 가을
하늘에 씨 뿌리고
돌아서는 뒷모습 위로
노을 몇 점 대롱대롱
붉게 타오르고

약속

살아남아야 해
눈 크게 뜨고
폭풍이 오면 키를 낮추어
목은 길게 늘여야 해
햇빛이 들면
되도록 독한 향기를 뿜어내는 꽃으로
피어나야 해
잎은 시들어도
더 많은 벌 나비들 위해
뿌리는 깊이
깊이 박아야 해

선운사

복분자 술잔 속에 떠 있는
별들을 마시고
산자락을 끌어 안았더니
온밤을 흔들어 놓은 바람 소리
끓는 물이 되어
대숲으로 넘쳐난다
서둘러 떠나온 허기에
때 맞추어 볼 수 없는 동백꽃
미당의 육자배기까지 보태어
눈흘김을 보내고
무릎 일으켜 세운 부처에게
내 무지와 탐욕을,
버리지 못한 허물까지 다 맡기고
산문 밖으로 내닫는 걸음

어디로 이어지는 걸까
달려온 길을 옆에 두고

3부

비원에서

-영화당에서

북한강

강은 눈비늘로 덮여 있다.
눈의 알갱이들,
들판의 나무며 풀잎에 앉아
제 모습 지운다
덩굴손 뻗치듯 겨울을 향한
강 고요하다.
침묵만이 진동을 한다

강물은 지금 정박 중
돌아보면 아득한 내 길의 어둠같이
그대와 함께 하는
어둑한 시간 저편
퍼렇게 살아 새벽강으로 다가올 세월을
아프도록 견디고 있다

비원에서
-영화당에서

여보게들, 들리는가
뜰 안 가득 봄 안고 달려오는
저 피리 소리를

시 한 수 연못 위에 띄워 놓고
한잔 술에 읊어대던 우리들
노래 들어 보았는가

추억 속의 빈터를 더듬는 일이란
그저 묵묵히 견디는 일이지

춘당대 이 뜰 안
그대들 노닐던 자리
벚꽃들만 속절없이 떠돌고

시간 속에 단단히 묻어둔 옛 영화

아무것도 남김없이 떠난 그대들
모두 안녕하신가

경복궁 보신각 앞에서

가슴에 징을 박으며
해마다 소리가 열리기를 바랐지만
그 소망 흩어지고 있음을
이제야 나는 안다

원각사에서 이곳을 돌아
새벽마다 어둠 걷어내며
뼈와 살이 터지는 비명에
온몸 울던 기억도 아득하고

부릅뜬 욕심과 번뇌 부처께 다 올리고
법열의 강물 따라
한숨도 눅눅히
역사의 귀퉁이에 이끼되어 앉았다

침묵이여
이 가만한 두께의 빗장을 풀게

위 없는 반야의 바다르

내 외로이 건너려 하나니

가벼움을 드립니다

사는 일에 마음을 비우라고? 때도 없이 올라오는 어깨의 힘 불끈거리며 단단해지는 팔의 근육이 무거움에 빠져 나와 가벼움으로 이르는 빈 자리 찾기

정확한 거리와 사물을 재는 눈으로 두 발은 땅에 힘을 주고 서서 힘을 뺀 어깨의 힘으로 공을 때려 본다 한 번씩 공을 날릴 적마다 허공에 걸어 둔 욕망의 부스러기 팽팽히차올라 솟구치며 날아간다

펼친다 정, 지, 된, 한, 순, 간

가볍게 가볍게 한 생을 건너가고 있구나 끝도 없이 얽힌 내 욕망에서 길게 전송되는 그대, 나 너를 보낸다

양수리에서

전해오는 눈소식에
강줄기를 따라 나선다
목이 쉰 갈대
미처 떠나지 못한 물비늘들
물목에서 거린 기억들 걸러내고
눈발에 갇힌 찻집의 창가에선
넋두리 몇이 취적이다가
눈 멀미에 힘없이 스러진다

살얼음 낀 강에는
마른 바람 불어 하나 둘 지워지는 세월에
저 혼자 강은 깊어 가고 있다
어둠은 천천히 체온을 적시고
속 깊게 은밀로 반란을 꿈꾸는 강
시간의 그림자 붙들고
제가 건너야 할 다리 하나 준비하고 있다

누군가, 나를 두드리는

물줄기 멈춘 듯
제 살과 제 뼈가
구별이 안 되는 빈 가지
아주 힘겹게 천천히
그가 찾아와

이른 봄

상처 기운 자리

소복이 담기는 연두빛살

날마다 새롭고 새로워질 수묵의 비린내

능내의 정약용 생가에서

오뉴월 햇살에 물비늘로 피어나는
푸르디 푸른 강 따라
떠나는 길이었지
산마루에 걸터앉은 바람이 발목 적시고
표지판도 물길 속을 헤집으며
가끔은 멀미로 뒤흔들렸지
여유당의 큰 문 앞에서 문도공은
떠나는 강물 바라보며
건너온 시간
시누대를 눕히고 있었지
산다는 것은 쉼없이 부딪히는 일
깨어지는 일이라며
아프게 웃으면서 손 내밀어 주었지
안팎의 세상이 물방울 되어 함께 흐르는 이 자리
골 깊은 물
거기서 나도 함께
흔들리고 있었지

대관령 안개

숲은 휘적휘적 걸어나와
어둠 속으로 숨어 버린다
골짝을 사르고 산굽이 녹여
세월의 흔적마저 지우는
욕망의 저 하얀 덩이
진땀 흘리며 풀어헤치는 사슬들
한올 한올 뽑아내느라
나는 한잠도 잘 수 없었다.
자꾸만 휘감겨 안기는
대관령 안개를 뿌리칠 수가 없어

겨울 찻집에서

나무 탁자에 가뭇없이
노을 한 자락 풀어지고 있더니
어느새 밀물로 달려드는 저녁
창문마다 꽃등 내걸리고
웅크린 길 따라 돌아가야 할
내 이력도 거기서 머뭇거린다

찻잔 속의 고요, 가라앉는 슬픔 몇 닢
제 무게를 이기지 못해 파리하게 떨어져 내린다
물너울 속으로 고개 삐죽이 내밀어보이던
어린 날의 내 손금
벽난로 속의 장작이
제 뼈 태우며 사위어갈 때
가쁜 숨소리 안고
서둘러 돌아가야만 하는 겨울
찻집, 노을.

속도

내 안에 속도가 살고 있다 지금껏 나를 버리려고 부추긴 것이 바로 속도였다 나는 몰래 내 속의 속도를 들여다본다

내 안의 속도는 나를 붙잡아 두면 둘수록 가속도가 붙는 괴상한 동물이다 속도의 눈망울은 늘 푸른 빛이다 밤이면 그는 동공을 활짝 열어젖히고 내 몸 구석구석을 비추고 있다 나를 묶어 두려는 나보다 나를 벗어나려는 내가 더 무섭다 내가 살아가는 길은 내 안에 길을 내는 일이다 내 안에서 마음껏 속도를 낼 수 있게, 아니 가속 페달을 밟아도 튕겨 나가지 않을, 길을 뚫는 일이다

그 강물 끝자리

흐르는 물살 따라
띄워보낸 사랑
맴돌다
열꽃으로 피던 그리움도
톱날같은 바람 속으로
짐 꾸려 떠나가고
툭 툭 터진 아픈 흔적
하얀 살비듬으로 덮여
발길마저 끊어진.

바람과 동행

교외선에 몸을 맡기고도
마음은
바람과 동행이다
차표에 박힌 행선지는
보이지 않았다
바람과 함께 훌쩍
내리고 말았다
양수리 근처
능내역,
맡긴 몸을 찾았지만
내 몫이 아닌
바람의 몫일 뿐
하늘보다 푸른
가을 강
바람이 시키는 대로
신을 벗고
나를 벗어 강물에 헹구고

비로소 바람이 되는

나를 본다.

탁구

만날 수 있을까
너와 나
우주의 빈 공간 돌아
순간과 손을 잡은 이 고리의 문을
낮게 엎디어 기면서
어둠의 밑둥치 잘라 먹고
포물선으로 촘촘히 떨어지며
푸른 바다로 시간을 넘나드는 몸짓에
눈부시게 일어서는 긴장의 촉수
손끝에 몰리는 만남의 예감
기다림은 올차서
드디어 내게로 달려오는
순간, 몸을 날리며 너를 맞는다

그리하여 우리의 믿음은
활활 타오르는 불꽃이 되어
부서져 내려도 좋으니

4부

동행

동행

커피를 마신다
가슴이 뜨뜻해 지지가 않았다
문득 참았던 목울음이 몰려와
눈을 감았다
부산히 나를 흔들고 가는 소리.
혈관에 잠재워진 물꼬를 터 주었다
많은 시간,
너를 위한 것으로만 위로인 양 밀어붙이며
서로 부실해지지 않도록 한 그 약속
집착의 고리만을 움켜쥐고
살아왔던 일 아닌가 하는 것 때문에
파도 더미로 밀리는 세월
스스로 홀로임을 확인할 때
우린 먼지를 털 듯
서로의 허물을 함께 덮어 주고
삶과 죽음을 동행하고 있겠지

박제된 말

그대를
소유한다는 것은
또 하나의
이별을 가슴에 품고 사는 일이다

알코올 병 속에 표본 된 생물처럼
썩지 않는 사랑 누구나 갖고 싶은 게지

변하지 않아서 아름다운
변할 수 없어 더욱 아름다운

입술 신음 베어 물고
잠재우려 하는
꿈의 이 길과 저 길들 사이.

단풍의 말

내가 찍고 간
발자국은
따라오지 말 것.
몰래 따라오다 들키면
시베리아 유배지로
추방할 것임.
다만 가을의 무게
가을의 순도를 읽을 수 있는 그런
시력을 지녔다면 따라올 것.
어느새
눈썹 사이를 가로질러 가 버린
가을의 발자국.
말 대신
온 몸으로 유인하고 있다.

샛별

너와의 눈맞춤도
두고 온 시간으로 아득하다
차표 한 장 쥐고는 떠날 수 없는
질긴 우리의 만남
돌아가는 길목마다 부딪치지 말고
인연의 매듭을 풀어다오
아니라면 그 빛을 거두어 다오
눈썹 끝에 차오르는 일몰의 헤매임도
내가 찾던 길은 아니었다
스스로 추스릴 수 없는 홀씨
이 겨울에 자맥질해도
언제나
등 뒤로 푸르게 너는 서 있고.

바다

파도가 갈기를 세운다
아우성치던
바람이 혼절하여 누워 있다
목선 하나
붉은 노을에 흔들거리며
포구를 밀치며 간다
갯벌 위에다
늘 제 그림자만 던지는 바다
오늘은 내 가슴 안에
자꾸 들어와
노 젓자 한다

소나기

무성한 비바람이
나무들의 살갗을 판다
빗줄기가 나무를 때린다
잎새들이 두들기는 그의 폭력
감당할 수가 없다
나무들이 방향을 잃고 쓰러진다
팽팽하게 부풀어 오른 숲
나뭇가지가 휘어지고
잎들이 몸을 열기 시작한다
열꽃 피는 소리가 숲을 덮는다
숲을 훑고 지나가는 푸르른 소용돌이

부서진 고요

곳곳에 잠복해 있던 내 피의 길
흐를 곳 없어 다시 나를 가두는

바다 노을

물빛 수면 위로 하늘 그림자
햇살이 수평선과 마지막 악수를 한다
멀리 달려온 바람
서슬이던 파도들
홀로 남겨진 시간이 된다

그대 그리운 그런 날
목선을 타고 나가
바다 위에 누워 보면

노을 저편 속으로
그대의 하얀 반달은
우체부의 종소리로 달리며
바다, 가로질러 내게로 자꾸만 달려온다

잡초를 뽑다

잡초는 좀체로 뿌리 끝을 드러내지 않는다
나는 잡초를 뽑는 것이 아니라
가슴에 그으진 내 줄금을 지우는 중이다
흙 속에는 푸른 비명들이 숨어 있다
살기 위하여 뿌리내렸던 구근들이
새파랗게 눈을 뜨고 나를 본다
나 스스로 거두지 못하여 몸을 넓히는
기억들이 뽑혀지길 바라며
서로 엉킨 뿌리들을 떼 낸다
초록의 꿈을 꽃씨처럼 품고 살았던 잡초는
지하 단층에서 하얗게 독을 품는다
그 뿌리 뻗어 나간 끝에서
가슴이 따끔따끔, 실뿌리 뽑히는 소리가 들린다

내 몸의 물길

어둠이 익어 갈수록, 강의 속살도 깊어진다 솟구친 대궁마다 푸른 상처로 길들여진 갈대 새벽강 골짝마다 파문이 인다 누가 저 물길을 건너고 있는가 미루나무 가지 끝에 쏟아지던 별들의 운행일까 고요한 시간, 새들의 날개짓일까

조금씩 물이랑 너머로 안개의 그림자 점점 멀어지고 살아있는 물무늬 따라 세상 밖으로 건너야 할 길이 아득하다 푸른 잔등을 적시며 돌아오는 내 안의 물길 고요 속에 갈라지는 내 몸의 물길이 보인다

가을비

비 내린다.
속 깊게 젖어오는 가랑비
저승에서 이승을 돌아
빛 바랜 숲으로 온다
빗살 사이로
지난 시절의 꿈은 그리움 되어 내리고
이별의 신을 신고 달려와
옷을 벗기고 있다

시린 이 비 맞고 나면
젖어 구겨진 혼 하나
누가 잠 재울 수 있을까

입춘

편지가 왔다

눈물 섞인 바람 속을 떠난 뒤
소식 끊겼던 그대
손 끝 시린 어둠의 시간을 지나
꽃눈 하나 피우며 오고 있다는
그대 더딘 발소리
귀 기울여 듣고 있다

사랑은 헤어지고 다시
만나는 것
물기 오른 나무 속살 베어내어
그대 이름을 쓴다
먹빛 그리움으로

가을산

들불로 온 몸 끓어오르는 까닭은
산판에 홀로 서성이다
바람을 사랑한 탓이리라.
돌개바람을 이뻐한 까닭도
산자락 끝에서 등성이 너머까지
노오란 뒤란에 끝불로 타는 가을,
불길 잡으려 불차가 달려오고
가을비가 뒤를 쫓는다
이제 우린 그만 떠나야 해

■ **라이너 노트**

기억을 건너는 목소리들

오인택(시인 · 공학박사)

[하두자 시집 앨범자켓, OST QR 코드]

이 앨범은 노래를 만들기 위해 쓰인 시에서 출발하지 않았다. 이미 충분히 고요하고 스스로 완결된 언어 앞에서, 우리는 단지 그 문장들이 다른 호흡으로 잠시 살아볼 수 있을지를 고민했을 뿐이다. 하두자의 시집 『아름다운 시작』은 무언가를 성취하거나 극복해 나아가는 기록이 아니라, 끝까지 살아본 이후에야 비로소 도달하는 감각을 담고 있다. 젊음의 선언도, 희망의 약속도 없다. 다만 무릎이 깨어진 뒤에도 "어떻게 사는 게 아름다운지"를 다시 묻는 태도가 있다.

이 시집의 문장들은 설명하지 않고, 설득하지 않으며, 결론을 서두르지 않는다. 강은 편지를 쓰고, 꽃은 옷을 벗으며, 바람은 동행하고, 가을은 묻는다. 이 언어들은 이미 리듬을 가지고 있었고, 이미 호흡을 알고 있었다. 그래서 우리는 이 시들을 개작하지 않기로 했다. 이 앨범에 실린 모든 가사는 시 원문 그대로다. 단어를 바꾸지 않았고, 문장을 덜어내지도 않았으며, 후렴을 만들기 위해 의미를 반복하지도 않았다. 음악은 오직 이 문장들 사이에 머물 수 있는 공기와 여백만을 맡았다.

이 노래를 부르는 다섯 목소리는 현실의 특정 인물이 아니다. 그들은 비원이라 불리는 정원에 머무는 존재들이다. 비원은 사라진 마음들이 자연에 스며들어 잠시 머무는 장소이며, 이 목소리들은 그 기억을 다시 발화하는 매개자다. 누군가는 강의 흐름처럼 낮고 단단한 목소리로 이야기를 이어가며, 떠나보내는 일과 견뎌온 시간을 기록한다. 누군가는 상처와 사랑이 겹쳐진 순간을 투명한 숨결로 불러내며, 말하지 못한 감정의 떨림을 대신 전

한다. 또 다른 목소리는 질문을 멈추지 않는다. 어떤 존재로 살아가야 하는지를 낮고 평평한 언어로 되묻고, 쉽게 결론에 닿지 않으려 한다. 몸의 감각으로 계절을 통과하는 목소리도 있다. 무너지고 다시 일어서는 순간을 리듬과 움직임으로 기억하며, 삶이 여전히 진행 중임을 증명한다. 마지막으로, 경계에 선 목소리가 있다. 인간과 자연, 말과 침묵 사이에서 자신을 벗어던지며, 바람이 되는 순간을 노래한다.

이 다섯은 역할을 연기하지 않는다. 서로를 덮어 주듯 겹쳐지고, 필요할 때는 물러나며, 어떤 곡에서는 한 명만 남아 정원을 지킨다. 이 앨범에서 중요한 것은 누가 앞에 서는가가 아니라, 어떤 기억이 지금 말을 얻는가이다. 그래서 비원이라는 이름은 그룹이자 장소이며, 동시에 상태에 가깝다.

열 곡은 하나의 여정처럼 이어진다. 늦은 깨달음 앞에서는 순간에서 시작해, 상처가 드러나고, 무너진 자리에서 다시 일어서는 몸을 지나, 이별을 이해하고, 존재에 대한 질문을 통과하며, 알면서도 떠나는 항해를 거쳐, 자아를 벗고, 다시 함께 걷는 자리로 나아간다. 마지막에 남는 것은 확신이 아니라 기척이다. 다시 올지도 모른다는, 아주 미세한 희망이다.

이 앨범은 위로를 약속하지 않는다. 다만 살아가는 동안 생채기 없는 영혼은 없다는 사실을 조용히 곁에 둔다. 그러므로 아름다운 시작이란 처음의 순수함이 아니라, 끝까지 가본 사람에게만 허락되는 태도일지도 모른다.

이 노래들은 크게 불리기보다 곁에 놓이기를 바란다. 밤에, 강가에서, 아무 일도 일어나지 않은 하루의 끝에서. 시는 먼저 있었고, 노래는 뒤따라왔다. 그 순서를 끝까지 지키고 싶었다. 이것은 음악 앨범이기 이전에, 비원이라는 정원에 머물렀던 기억들이 잠시 목소리를 얻은 기록이다.

이 앨범에 수록된 열 곡은 같은 결을 공유하지만, 같은 표정으로 머물지 않는다. 각 곡은 시가 지닌 고유한 호흡을 존중한 채, 서로 다른 방식으로 말을 건다.

〈아름다운 시작〉은 이 앨범의 문을 여는 곡이지만, 흔히 기대되는 시작의 밝음은 없다. 이 노래는 이미 많은 시간을 통과한 목소리로 시작한다. 숫자 앞에 정직해졌다는 고백, 무릎이 깨어져도 끝의 끝으로 가보아야 한다는 문장은 선언이 아니라 각오에 가깝다. 서두르지 않는 템포와 낮은 음역은, 이 앨범이 성취보다 태도를 다룬다는 사실을 처음부터 분명히 한다.

〈꽃이 지다〉는 감정이 가장 낮은 곳으로 가라앉는 곡이다. 이 노래에서 꽃은 피지 않고 벗겨진다. 한 겹씩 옷을 벗는 기억처럼, 노래는 최소한의 소리로 상처를 드러낸다. 반복되는 후렴 대신 짧은 문장이 남아, 그리움에 베인 상처가 쉽게 봉합되지 않음을 보여준다.

〈다시 봄, 진달래〉는 이 앨범에서 드물게 몸의 에너지가 전면에 나서는 곡이다. 겨우내 웅크렸던 꽃눈이 폭력처럼 터져 나오는 이미지처럼, 음악 역시 축적과 분출을 반복한다. 무너짐과 재생이 동시에 존재하며, 봄은 위로가 아니라 통과해야 할 사건으로 다가온다.

〈강이 쓰는 편지〉는 흐름 그 자체에 귀를 기울이는 노래다. 이별을 비극으로 단정하지 않고, 헤어짐과 다시 만남이 하나의 순환임을 강의 언어로 말한다. 감정의 고저보다 지속이 중요해지는 곡으로, 소리는 흐르되 멈추지 않는다.

〈동백꽃〉은 참아낸 감정의 온도를 다룬다. 겨울을 뚫고 피어나는 붉은 꽃처럼, 이 노래의 정서는 끝내 폭발하지 않고 안쪽에서 타오른다. 사랑과 그리움이 시간과 계절을 견디며 어떻게 남는지를 보여주는 곡이다.

〈가을이 묻는다〉는 이 앨범에서 가장 사유적인 노래다. 노래는 답을 제시하지 않고, 은행나무가 되어 보라는 요청만을 반복한다. 서두르지 않는 리듬과 말하듯 이어지는 음성은 질문을 질문으로 남겨 둔다. 이 곡에서 중요한 것은 결론이 아니라 머무름이다.

〈너에게 가고 싶다〉는 이동의 노래다. 닻을 올리고 떠나는 마음, 알면서도 향하는 방향을 택하는 감정이 바다의 이미지와 함께 펼쳐진다. 이 노래는 도착보다 항해에 가깝고, 확신보다 결심에 가까운 정서를 품고 있다.

〈바람과 동행〉은 자아가 가장 열어지는 곡이다. 신을 벗고, 자신을 벗고, 바람이 되는 순간까지 노래는 점점 가벼워진다. 목적지 없는 이동, 이름 없는 존재 상태를 허락하는 곡으로, 앨범 중 가장 비물질적인 감각을 남긴다.

〈동행〉은 이 앨범의 중심에 놓인 곡이다. 커피 한 잔의 체온에서 시작해 삶과 죽음을 함께 걷는 자리까지, 이 노래는 관계가 어떻게 지속되는지를 보여준다. 허물을 덮어 준다는 문장은 화해이자 결심이며, 혼자가 아님을 확인하는 조용한 합창이다.

마지막 곡 〈입춘〉은 끝이 아니라 여백으로 남는다. 편지가 왔다는 소식, 꽃눈 하나가 피어오고 있다는 징후는 확실한 약속이 아니다. 다만 다시 올지도 모른다는 기척만을 남긴다. 이 앨범은 그렇게 닫힌다. 밝아지기 직전의 시간, 여명이 시작되기 전의 정원처럼.

Track List

1. **아름다운 시작**
   시 하두자·작곡 오인택·노래 비원 (BIWON) Vocal : RIAN·SERA

2. **꽃이 지다**
   시 하두자·작곡 오인택·노래 비원 (BIWON) Vocal : SERA

3. **다시 봄, 진달래**
   시 하두자·작곡 오인택·노래 비원 (BIWON) Vocal : LUMI

4. **강이 쓰는 편지**
   시 하두자·작곡 오인택·노래 비원 (BIWON) Vocal : RIAN

5. **동백꽃**
   시 하두자·작곡 오인택·노래 비원 (BIWON) Vocal : SERA·ION

6. **가을이 묻는다**
   시 하두자·작곡 오인택·노래 비원 (BIWON) Vocal : NOA

7. **너에게 가고 싶다 (마라도에서)**
   시 하두자·작곡 오인택·노래 비원 (BIWON) Vocal : RIAN·LUMI

8. **바람과 동행**
   시 하두자·작곡 오인택·노래 비원 (BIWON) Vocal : ION

9. **동행**
   시 하두자·작곡 오인택·노래 비원 (BIWON) Vocal : RIAN·SERA·NOA·LUMI·ION

10. **입춘**
    시 하두자·작곡 오인택·노래 비원 (BIWON) Vocal : SERA·RIAN

앨범 크레딧 (Credits)

구분	내용
앨범명	아름다운 시작 : 기억을 건너는 목소리들
아티스트	비원 (BIWON)
형태	5인 혼성 사이버 보컬 그룹
수록곡 수	10 Tracks
가사(작사)	하두자 (시집 『아름다운 시작』 수록 시 원문 사용)
작곡	오인택
보컬 퍼포먼스	BIWON (RIAN · SERA · NOA · LUMI · ION)
보컬 형태	AI 기반 사이버 보컬
음악 제작 방식	Generative AI 기반 음악 생성
주요 사운드	Piano · Strings · Ambient Texture · Soft Brass
비고	본 앨범은 문학 작품 기반 음반으로, 감상용·기록용 성격을 가짐

건강신문사 힐링노래시집

아름다운 시작

초판 1쇄 | 2026년 1월 20일

저　자 | 하두자
발행인 | 윤승천
발행처 | (주)건강신문사

등록번호 | 제25100-2010-000016호

주　소 | 서울특별시 은평구 통일로 712-1
전　화 | 02)305-6077(대표)
팩　스 | 02)305-1436

인터넷건강신문 | www.kksm.co.kr
헬스데일리 | www.healthdaily.co.kr
한국의 첨단의술 | www.khtm.co.kr

ISBN 978-89-6267-164-3 (03800)